Dieses Buch gehört:

_____

Sei lieb zu diesem Buch!

ISBN 3-8157-3072-4
© 2003 Coppenrath Verlag, Münster
Noten- und Textsatz: prima nota GmbH, Korbach
Zusammengestellt von Anniko Güte
Alle Rechte vorbehalten, auch auszugsweise

Printed in Belgium
www.coppenrath.de

Meine liebsten Lieder zur

Weihnachtszeit

Mit Bildern von
Christian Kämpf

COPPENRATH

Komm, setz dich ans Fenster,
du lieblicher Stern;
malst Blumen und Blätter,
wir haben dich gern.

Schneeflöckchen, du deckst uns
die Blümelein zu,
dann schlafen sie sicher
in himmlischer Ruh.

Worte: Hedwig Haberkorn
Weise: volkstümlich

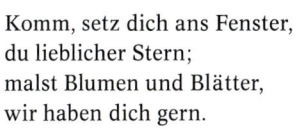

Wir sagen euch an den lieben Advent.
Sehet, die zweite Kerze brennt.
So nehmet euch eins um das andere an,
wie auch der Herr an uns getan.

Wir sagen euch an den lieben Advent.
Sehet, die dritte Kerze brennt.
Nun tragt eurer Güte hellen Schein
weit in die dunkle Welt hinein.

Wir sagen euch an den lieben Advent.
Sehet, die vierte Kerze brennt.
Gott selber wird kommen, er zögert nicht.
Auf, auf, ihr Herzen, werdet licht.

Worte: Maria Ferschl
Weise: Heinrich Rohr

3. Lasst uns froh und munter sein

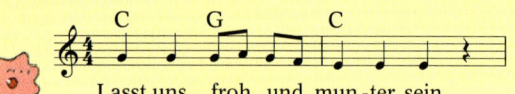

Lasst uns froh und mun-ter sein

und uns recht von Her-zen freun!

Lus-tig, lus-tig, tra-la-la-la-la-

bald ist Ni-ko-laus - a-bend da,

bald ist Ni-ko-laus - a-bend da!

Dann stell ich den Teller auf,
Nikolaus legt gewiss was drauf.
Lustig, lustig …

Wenn ich schlaf, dann träume ich,
jetzt bringt Nikolaus was für mich.
Lustig, lustig …

Wenn ich aufgestanden bin,
lauf ich schnell zum Teller hin.
Lustig, lustig …

Nikolaus ist ein guter Mann,
dem man nicht genug danken kann.
Lustig, lustig …

Volkslied

4. Morgen, Kinder, wird's was geben

Mor-gen, Kin-der, wird's was ge-ben,
mor-gen wer-den wir uns freun!
Welch ein Ju-bel, welch ein Le-ben
wird in_ un-serm Hau-se sein!
Ein-mal wer-den wir noch wach,
hei-ßa, dann ist Weih-nachts-tag!

Wie wird dann die Stube glänzen
von der großen Lichterzahl:
Schöner als bei frohen Tänzen
ein geputzter Kronensaal.
Wisst ihr noch, wie vor'ges Jahr
es am Heil'gen Abend war?

Wisst ihr noch mein Räderpferdchen,
Malchens nette Schäferin,
Jettchens Küche mit dem Herdchen
und dem blank geputzten Zinn?
Heinrichs bunten Harlekin
mit der gelben Violin?

Welch ein schöner Tag ist morgen!
Viele Freude hoffen wir,
unsre lieben Eltern sorgen
lange, lange schon dafür.
O gewiss, wer sie nicht ehrt,
ist der ganzen Lust nicht wert.

Worte: Philipp von Bartsch
Weise: Carl Gottlieb Hering (nach einer Berliner Volksweise)

5. Vom Himmel hoch, da komm ich her

Vom Him-mel hoch, da komm ich her, ich bring euch gu-te neu-e Mär. Der gu-ten Mär bring ich so viel, da-von ich sin-gen und sa-gen will.

Euch ist ein Kindlein heut geborn
von einer Jungfrau auserkorn,
ein Kindelein so zart und fein,
das soll eu'r Freud und Wonne sein.

Es ist der Herr Christ, unser Gott,
der will euch führn aus aller Not,
er will eu'r Heiland selber sein,
von allen Sünden machen rein.

Lob, Ehr sei Gott im höchsten Thron,
der uns schenkt seinen eignen Sohn;
des freuet sich der Engel Schar
und singet uns solch neues Jahr.

Worte und Weise: Martin Luther

6. Zu Bethlehem geboren

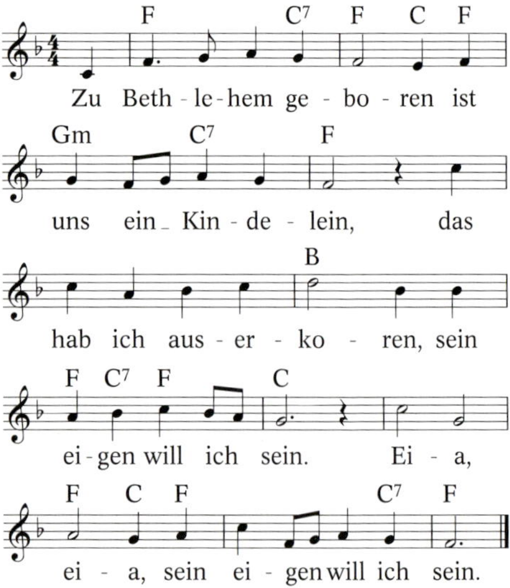

Zu Beth-le-hem ge-bo-ren ist uns ein Kin-de-lein, das hab ich aus-er-ko-ren, sein ei-gen will ich sein. Ei-a, ei-a, sein ei-gen will ich sein.

In seine Lieb versenken will ich mich ganz hinab;
mein Herz will ich ihm schenken und alles, was ich hab,
eia, eia, und alles, was ich hab.

O Kindelein, von Herzen will ich dich lieben sehr
in Freuden und in Schmerzen, je länger und je mehr,
eia, eia, je länger und je mehr.

Lass mich von dir nicht scheiden, knüpf zu, knüpf zu das Band
der Liebe zwischen beiden; nimm hin mein Herz zum Pfand,
eia, eia, nimm hin mein Herz zum Pfand.

Worte: Friedrich von Spee
Weise: Köln

7. Kommet, ihr Hirten

Kom - met, ihr Hir - ten, ihr Män - ner_ und Fraun,
kom - met, das lieb - li - che Kind - lein zu_ schaun,

Chris - tus, der Herr, ist heu - te ge - bo - ren,

den Gott zum Hei - land euch hat er -

ko - ren. Fürch - tet_ euch nicht.

Lasset uns sehen in Bethlehems Stall,
was uns verheißen der himmlische Schall.
Was wir dort finden, lasset uns künden,
lasset uns preisen in frommen Weisen:
Halleluja!

Wahrlich, die Engel verkündigen heut
Bethlehems Hirtenvolk gar große Freud.
Nun soll es werden Friede auf Erden,
den Menschen allen ein Wohlgefallen.
Ehre sei Gott!

Worte: Carl Riedel
Weise: Böhmen

O du fröhliche, o du selige,
gnadenbringende Weihnachtszeit!
Christ ist erschienen, uns zu versühnen;
freue, freue dich, o Christenheit.

O du fröhliche, o du selige,
gnadenbringende Weihnachtszeit!
Himmlische Heere jauchzen dir Ehre.
Freue, freue dich, o Christenheit!

Worte: Johannes Falk und Joh. C. Holzschuher
Weise: Volkslied

Stille Nacht, heilige Nacht!
Hirten erst kundgemacht;
durch der Engel Halleluja
tönt es laut von fern und nah:
Christ der Retter ist da,
Christ der Retter ist da.

Stille Nacht, heilige Nacht!
Gottes Sohn, o wie lacht
Lieb aus deinem göttlichen Mund,
da uns schlägt die rettende Stund,
Christ, in deiner Geburt,
Christ, in deiner Geburt.

Worte: Josef Mohr
Weise: Franz Gruber

10. Still, weil's Kindlein schlafen will

Still, still, still, weil's Kindlein schlafen will.
Die Englein tun schön jubilieren,
bei dem Kripplein musizieren.
Still, still, still, weil's Kindlein schlafen will.

Schlaf, schlaf, schlaf,
mein liebes Kindlein, schlaf!
Maria will dich niedersingen,
ihre reine Brust darbringen.
Schlaf, schlaf, schlaf,
mein liebes Kindlein, schlaf!

Aus Salzburg

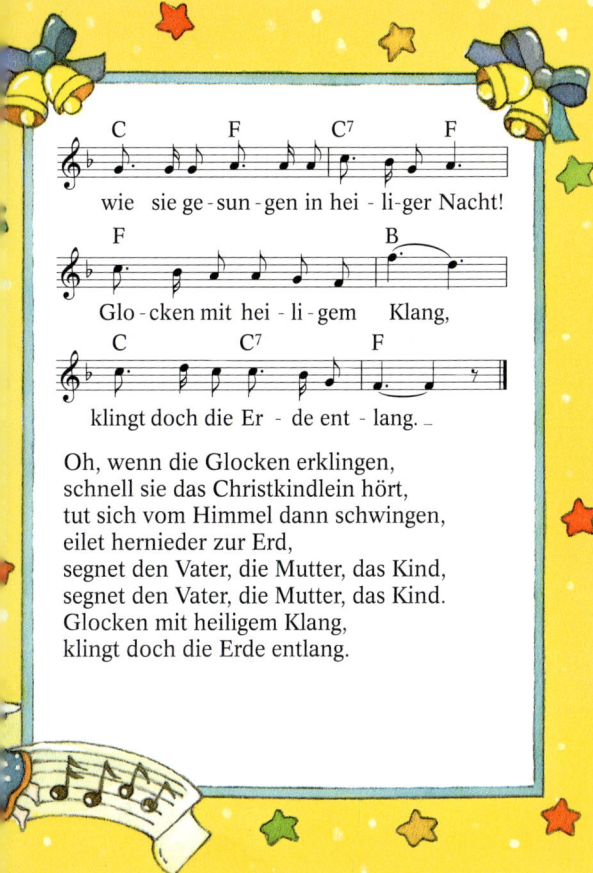

wie sie ge-sun-gen in hei-li-ger Nacht!

Glo-cken mit hei-li-gem Klang,

klingt doch die Er - de ent-lang.

Oh, wenn die Glocken erklingen,
schnell sie das Christkindlein hört,
tut sich vom Himmel dann schwingen,
eilet hernieder zur Erd,
segnet den Vater, die Mutter, das Kind,
segnet den Vater, die Mutter, das Kind.
Glocken mit heiligem Klang,
klingt doch die Erde entlang.

Klinget mit lieblichem Schalle
über die Meere noch weit,
dass sich erfreuen doch alle
seliger Weihnachtszeit!
Alle aufjauchzen mit einem Gesang,
alle aufjauchzen mit einem Gesang.
Glocken mit heiligem Klang,
klingt doch die Erde entlang.

Volkslied aus Schlesien

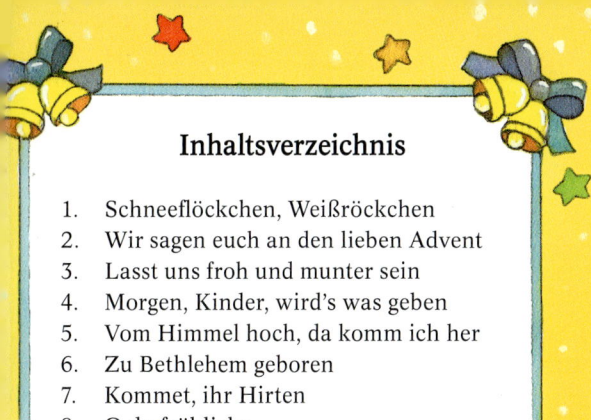

Inhaltsverzeichnis

1. Schneeflöckchen, Weißröckchen
2. Wir sagen euch an den lieben Advent
3. Lasst uns froh und munter sein
4. Morgen, Kinder, wird's was geben
5. Vom Himmel hoch, da komm ich her
6. Zu Bethlehem geboren
7. Kommet, ihr Hirten
8. O du fröhliche
9. Stille Nacht, heilige Nacht
10. Still, weil's Kindlein schlafen will
11. Süßer die Glocken nie klingen